Gemüsesuppen
für Genießer

GEMÜSE SUPPEN

für Genießer Chandima Soysa

THORBECKE

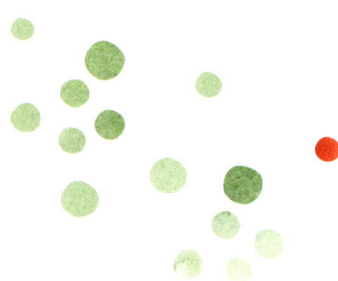

Mix
Produktgruppe aus vorbildlich
bewirtschafteten Wäldern und anderen
kontrollierten Herkünften
www.fsc.org   Zert.-Nr. GFA-COC-001890
©1996 Forest Stewardship Council

Für die Schwabenverlag AG ist Nachhaltigkeit ein wichtiger
Maßstab ihres Handelns. Wir achten daher auf den Einsatz
umweltschonender Ressourcen und Materialien.
Dieses Buch wurde auf FSC-zertifiziertem Papier gedruckt.
FSC (Forest Stewardship Council) ist eine nicht staatliche,
gemeinnützige Organisation, die sich für eine ökologische
und sozial verantwortliche Nutzung der Wälder unserer Erde
einsetzt.

Bibliografische Information der Deutschen Nationalbibliothek
Die Deutsche Nationalbibliothek verzeichnet diese Publikation
in der Deutschen Nationalbibliografie; detaillierte bibliografische
Daten sind im Internet über http://dnb.d-nb.de abrufbar.

© 2010 by Jan Thorbecke Verlag der Schwabenverlag AG,
Ostfildern
www.thorbecke.de • info@thorbecke.de

Layout: Finken & Bumiller, Chandima Soysa, Stuttgart
Gesamtherstellung: Jan Thorbecke Verlag, Ostfildern
Hergestellt in Deutschland
ISBN 978-3-7995-0871-1

INHALT

Winterzeit ist
Gemüsesuppenzeit

Wenn der Herbst die kalte Jahreshälfte einläutet, steigt das Bedürfnis nach Wärme und Gemütlichkeit. Gemüsesuppen sind jetzt als gesunde und vitalisierende Energiespender angesagter denn je. Gut bekömmliche Erbsen-, Kürbis- und Rote Bete-Suppe bringen leuchtende Farben auf den Tisch und locken mit verführerischen Düften. Löffel für Löffel verbreiten belebende Gewürze wie Chili, Ingwer und Zimt ihre wohltuende Wirkung im Körper.
Die Rezepte in diesem Buch sind alle leicht nachzukochen und anzurichten. Dabei sind der Fantasie und Experimentierlaune keine Grenzen gesetzt – erlaubt ist, was schmeckt! Eine kleine Änderung in der Zutatenliste, und schon bekommt ein altbekanntes Rezept neuen Pfiff. Kokosmilch anstelle von Sahne, Rosinen zu den Karotten oder das Gemüse einfach mal mit Sesamöl anbraten. Dann noch ein Schwung frisch gehackter Kräuter in den Topf und fertig ist die Suppe!

Viel Spaß beim Kochen und einen guten Appetit!

Grundrezept
Gemüsebrühe

Für etwa 2 l Brühe
2,5 l kaltes Wasser
800 g gemischtes Gemüse (Lauch, Sellerie, Karotte, Zwiebel,
Knoblauch, Petersilienwurzel, Fenchel, Tomate, Paprika)
Gewürze (Pfefferkörner, Lorbeer, Petersilie, Thymian, Nelken)

•1• Das ausgewählte Gemüse gründlich waschen, grob zerkleinern und in einen Topf mit dem Wasser geben. Eine klassische Variante wäre ½ Stange Lauch, 1 Stück Sellerie, 3 Karotten, 1 Zwiebel und 2 Tomaten. Die Gewürze kommen auch gleich mit hinein — wieder ganz nach Geschmack: ein paar Pfefferkörner, 2 Lorbeerblätter, Petersilie und frische Thymianzweige. •2• Die Zutaten nun aufkochen und bei geringer Hitze für 2 Stunden köcheln lassen. Den Deckel des Topfes dabei leicht geöffnet auflegen. •3• Ein Küchensieb mit einem frischen Tuch auslegen und die Brühe abseihen. Wenn man das Gemüse dabei nicht ausdrückt, bleibt die Brühe schön klar. Das Gemüse kann bei Bedarf natürlich auch als Suppeneinlage verwendet werden. Die Brühe mit Salz abschmecken. Falls man nicht sofort Verwendung hat, kann sie gut eingefroren werden.

Milde Brokkolisuppe

Für 4 Portionen
450 g Brokkoli
1 kleine Zwiebel
1 Scheibe Toastbrot
20 g Butter
250 ml Milch
250 ml Gemüsebrühe
3 TL Zitronensaft
Salz, Pfeffer
Muskatnuss
2 Scheiben Räucherlachs
Etwas Petersilie

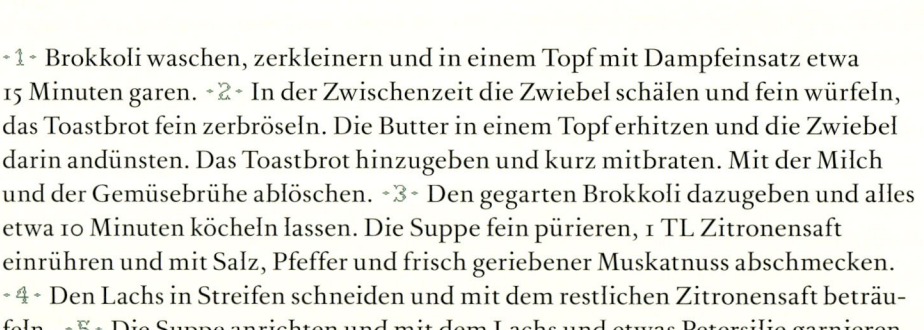

·1· Brokkoli waschen, zerkleinern und in einem Topf mit Dampfeinsatz etwa 15 Minuten garen. ·2· In der Zwischenzeit die Zwiebel schälen und fein würfeln, das Toastbrot fein zerbröseln. Die Butter in einem Topf erhitzen und die Zwiebel darin andünsten. Das Toastbrot hinzugeben und kurz mitbraten. Mit der Milch und der Gemüsebrühe ablöschen. ·3· Den gegarten Brokkoli dazugeben und alles etwa 10 Minuten köcheln lassen. Die Suppe fein pürieren, 1 TL Zitronensaft einrühren und mit Salz, Pfeffer und frisch geriebener Muskatnuss abschmecken. ·4· Den Lachs in Streifen schneiden und mit dem restlichen Zitronensaft beträufeln. ·5· Die Suppe anrichten und mit dem Lachs und etwas Petersilie garnieren.

Pikante
Karottensuppe

Für 4 Portionen
500 g Möhren
150 g Kartoffeln
½ Stange Lauch
4 EL Butter
ca. 3 cm frische Ingwerwurzel
2 EL Wasser
500 ml Gemüsebrühe
2 EL Parmesan, frisch gerieben
Pfeffer, Salz
Frische Kräuter

-1- Möhren und Kartoffeln schälen und würfeln. Den Lauch putzen, in Ringe schneiden und in der Butter in einem Topf anschwitzen. Möhren und Kartoffeln dazugeben. Den Ingwer ebenfalls schälen und dazureiben. Das Wasser zufügen und zugedeckt etwa 15 Minuten garen lassen. -2- Mit der Gemüsebrühe auffüllen und den Parmesan hineingeben. Alle Zutaten fein pürieren und mit Pfeffer und Salz abschmecken. -3- Die Suppe mit den frischen Kräutern anrichten.

Beschwipste
Blumenkohlsuppe

Für 4 Portionen
½ Bund Frühlingszwiebeln
1 Blumenkohl
30 g Butterschmalz
100 ml Weißwein
500 ml Gemüsebrühe
100 ml Crème fraîche
100 g Parmesan am Stück
Muskatnuss
Salz, Pfeffer
½ Bund Schnittlauch

✦1✦ Die Frühlingszwiebeln gründlich waschen und in Ringe schneiden. Den Blumenkohl ebenfalls waschen, zerkleinern und gemeinsam mit den Zwiebeln und dem Butterschmalz in einem Topf für ca. 10 Minuten garen. ✦2✦ Mit dem Weißwein ablöschen und für weitere 5 Minuten köcheln lassen. ✦3✦ Die Gemüsebrühe und die Crème fraîche hinzugeben, den Parmesan hineinreiben und alles mit dem Stabmixer glatt pürieren. Nach Geschmack mit frisch geriebener Muskatnuss, Salz und Pfeffer abrunden. ✦4✦ Den Schnittlauch waschen, in feine Röllchen schneiden und über die angerichtete Suppe geben.

Elegante Rote Bete-Suppe

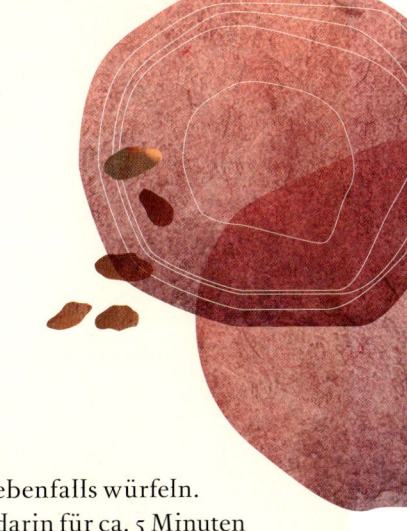

Für 4 Portionen
2 Schalotten
500 g Rote Bete, frisch abgekocht
6 EL Butter
8 getrocknete, entsteinte Datteln
1 EL Zucker
2 EL Rotweinessig
2 EL Preiselbeermarmelade
400 ml Gemüsebrühe
Saft von 2 Orangen
200 ml Rote-Bete-Saft
Piment, Salz
4 EL Crème fraîche
4 TL Balsamicocreme

·1· Die Schalotten schälen und grob würfeln, Rote Bete ebenfalls würfeln.
4 Esslöffel Butter in einem Topf erhitzen und das Gemüse darin für ca. 5 Minuten
anschwitzen. ·2· In der Zwischenzeit die Datteln fein würfeln und in einer
Pfanne vorsichtig anrösten. Den Zucker darüberstreuen, karamellisieren lassen,
2 Esslöffel Butter hinzugeben, kurz durchschwenken und beiseite stellen.
·3· Die Rote Bete nun mit dem Rotweinessig ablöschen und die Preiselbeermarmelade dazugeben. Mit der Gemüsebrühe, dem Orangensaft sowie dem
Rote-Bete-Saft auffüllen und die Hälfte der Datteln ebenfalls mit hineingeben.
Alles fein pürieren und mit Piment und Salz abschmecken. ·4· Die Suppe mit
Crème fraîche, Balsamicocreme und den übrigen karamellisierten Datteln anrichten.

Toskanische Tomatensuppe

Für 4 Portionen
1 Zwiebel
4 EL Olivenöl
1 TL Zucker
2 EL rotes Pesto
1 EL Balsamicoessig
3 Knoblauchzehen
500 g Tomaten
100 g getrocknete Tomaten
500 ml Gemüsebrühe
100 ml Sahne
1 TL frischer Thymian
1 TL getrockneter Thymian
2 TL getrocknetes Basilikum
Pfeffer, Salz
Etwas geschlagene Sahne
Frische Basilikumblätter

1 Die Zwiebel schälen, fein würfeln und in Olivenöl in einem Topf glasig werden lassen. Den Zucker darüberstreuen, das Pesto sowie den Balsamicoessig zugeben und verrühren. **2** Die Knoblauchzehen schälen und mit einer Knoblauchpresse hineindrücken. Die Tomaten gründlich waschen, grob würfeln und mit den getrockneten Tomaten in den Topf geben. Unter ständigem Wenden etwa 10 Minuten köcheln lassen. **3** Mit der Gemüsebrühe auffüllen und Sahne, Thymian sowie Basilikum dazugeben. Alle Zutaten fein pürieren und mit Pfeffer und Salz abschmecken. **4** Die Suppe mit einem Klecks Sahne und den frischen Basilikumblättern garnieren.

Omas Linsensuppe

Für 4 Portionen
300 g Tellerlinsen
2 Zwiebeln
2 EL Butter
1 Knoblauchzehe
500 ml Rotwein
800 ml Gemüsebrühe
100 g Bauchspeck
1 Bund Suppengemüse (Sellerie, Möhre, Lauch)
1 mehlig kochende Kartoffel
2 Zweige Thymian
2 Lorbeerblätter
4 Saitenwürstchen
Pfeffer, Salz
Frischer Thymian oder gehackte Petersilie
Apfelessig, Zucker

•1• Die Linsen eventuell in einer Schüssel mit Wasser bedeckt über Nacht quellen lassen. •2• Die Zwiebeln schälen, fein würfeln und in einem Topf in der zerlassenen Butter glasig dünsten. Den Knoblauch pressen, hinzugeben und kurz durchschwenken. Mit dem Rotwein und der Gemüsebrühe ablöschen. •3• Die Linsen abtropfen lassen und in den Topf geben. Zugedeckt etwa 30 Minuten garen. •4• In der Zwischenzeit den Speck fein würfeln und in einer Pfanne etwas auslassen. Das Suppengemüse gründlich waschen, schälen und ebenfalls würfeln bzw. den Lauch in kleine Stücke schneiden. Die Kartoffel schälen und fein reiben. Diese Zutaten nun zusammen mit den Thymianzweigen und den Lorbeerblättern zu den Linsen geben und weitere 20 Minuten köcheln lassen. •5• Die Saitenwürstchen in einem Topf mit heißem Wasser erhitzen. •6• Die Suppe mit Pfeffer und Salz abschmecken und auf Tellern verteilen. Je ein Würstchen dazugeben und die Petersilie darüberstreuen. Wer mag, rundet die Suppe noch mit Essig und Zucker ab.

Gebutterte
Süsskartoffelsuppe

Für 4 Portionen
2 Zwiebeln
4 EL Butter
2 Knoblauchzehen
500 g Süßkartoffeln
600 ml Gemüsebrühe
½ TL Ingwer, gemahlen
200 ml Milch
100 ml Sahne
Pfeffer, Salz
Muskatnuss
4 EL Sprossen
2 EL Kürbiskernöl

•1• Die Zwiebeln schälen, würfeln und in einem Topf in der Butter anbräunen. Die Knoblauchzehen abziehen und zerdrücken. Die Süßkartoffeln putzen, schälen und fein würfeln. Mit dem Knoblauch in den Topf geben und leicht anbräunen. •2• Mit der Hälfte der Gemüsebrühe ablöschen. Den Ingwer dazugeben und zugedeckt gar kochen lassen. •3• Nach etwa 20 Minuten die restliche Brühe dazugeben, ebenso Milch und Sahne. Alle Zutaten fein pürieren. •4• Mit Pfeffer, Salz und frisch geriebener Muskatnuss abschmecken. •5• Die Suppe auf Teller portionieren und mit je 1 Esslöffel Sprossen und ein paar Tropfen Kürbiskernöl garniert servieren.

Nussige Pilzsuppe

Für 4 Portionen
100 g ganze Haselnüsse
300 g Champignons
200 g gemischte Pilze (Pfifferlinge, Shiitake etc.)
2 Schalotten
1 Knoblauchzehe
3 EL Butter
6 EL Sherry
100 ml Sahne
500 ml Gemüsebrühe
Pfeffer, Salz
4 EL Petersilie, gehackt

•1• Den Backofen auf 200 °C vorheizen und die Nüsse etwa 10 Minuten rösten. Sobald die Haut anfängt aufzuspringen, die Nüsse herausnehmen und in einem frischen Geschirrhandtuch kräftig durchrubbeln, sodass sich die Haut ablöst. Beiseite stellen. •2• Alle Pilze mit einem Küchenpinsel gründlich reinigen und in Scheiben schneiden. Die Schalotten und den Knoblauch schälen und fein würfeln. Zuerst die Schalotten in der Butter in einem Topf glasig dünsten, dann Knoblauch, Pilze und Sherry zufügen. Bei geschlossenem Deckel etwa 10 Minuten schmoren lassen. •3• Die Hälfte der Haselnüsse sowie die Sahne dazugeben und mit der Gemüsebrühe auffüllen. Alle Zutaten fein pürieren und mit Pfeffer und Salz abschmecken. •4• Die Suppe mit der anderen Hälfte der Haselnüsse und der Petersilie bestreut servieren.

Fruchtige
Kürbissuppe

Für 4 Portionen
2 Schalotten
2 EL Rapsöl
600 g Hokkaidokürbis
2 Orangen
1 Stück Ingwer
50 ml Orangensaft
200 ml Sahne
600 ml heiße Gemüsebrühe
2 EL Majoran
Kürbiskerne
1 EL Butter
Kürbiskernöl

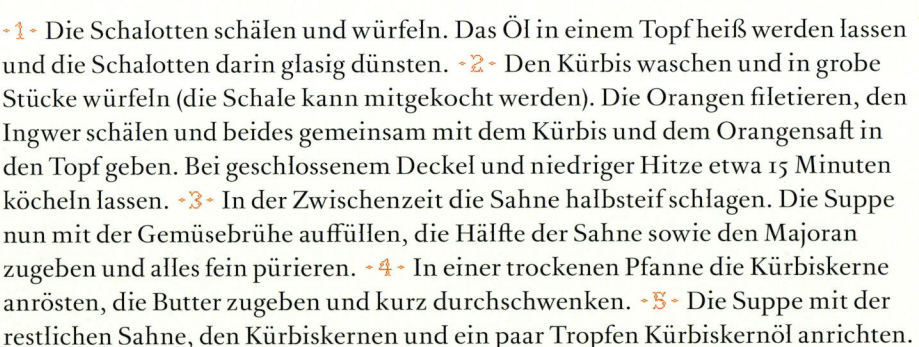

·1· Die Schalotten schälen und würfeln. Das Öl in einem Topf heiß werden lassen und die Schalotten darin glasig dünsten. ·2· Den Kürbis waschen und in grobe Stücke würfeln (die Schale kann mitgekocht werden). Die Orangen filetieren, den Ingwer schälen und beides gemeinsam mit dem Kürbis und dem Orangensaft in den Topf geben. Bei geschlossenem Deckel und niedriger Hitze etwa 15 Minuten köcheln lassen. ·3· In der Zwischenzeit die Sahne halbsteif schlagen. Die Suppe nun mit der Gemüsebrühe auffüllen, die Hälfte der Sahne sowie den Majoran zugeben und alles fein pürieren. ·4· In einer trockenen Pfanne die Kürbiskerne anrösten, die Butter zugeben und kurz durchschwenken. ·5· Die Suppe mit der restlichen Sahne, den Kürbiskernen und ein paar Tropfen Kürbiskernöl anrichten.

Feurige Bohnensuppe

Für 4 Portionen
Benötigt 1 Tag Vorlauf
400 g schwarze Bohnen
1 rote Zwiebel
2 EL Olivenöl
2 Knoblauchzehen
600 ml Gemüsebrühe
200 g Cocktailtomaten
½ Bund frischer Koriander
½ TL Kreuzkümmel, gemahlen
Chilischote, getrocknet und zerrieben
Pfeffer, Salz

·1· Die Bohnen in einen Topf geben, mit etwa der doppelten Menge Wasser auffüllen und aufkochen. Vom Herd nehmen und die Bohnen über Nacht quellen lassen. ·2· Die Zwiebel schälen und würfeln und in einem Topf mit dem Olivenöl anbräunen. Die Knoblauchzehen ebenfalls schälen, zerdrücken und mit den gequollenen Bohnen in den Topf geben. Die Brühe dazugießen, kurz aufkochen lassen, dann bei niedriger Hitze und geschlossenem Deckel etwa 45 Minuten gar köcheln lassen. ·3· In der Zwischenzeit die Cocktailtomaten gründlich abbrausen und in feine Würfel schneiden. Den Koriander waschen, die Blätter von den Stielen zupfen und fein hacken. Etwas Koriander zum Garnieren beiseite stellen. ·4· Wenn die Bohnen gar sind, mit dem Pürierstab grob pürieren, sodass noch kleine Stückchen erhalten bleiben. Tomaten, Koriander, Kreuzkümmel und nach Belieben Chili dazugeben. Mit Pfeffer und Salz abschmecken und weitere 5 Minuten köcheln lassen. ·5· Die Suppe mit dem restlichen Koriander bestreut servieren.

Feine
Maronensuppe

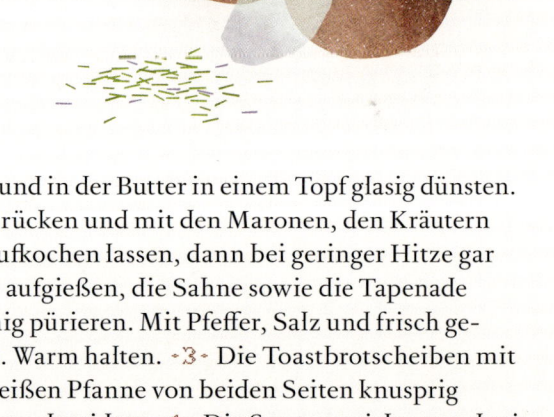

Für 4 Portionen
1 Schalotte
1 EL Butter
1 Knoblauchzehe
400 g Maronen, geschält und vorgegart
2 EL Kräuter der Provence
100 ml Weißwein
700 ml Gemüsebrühe
200 ml Sahne
2 El Oliventapenade
Pfeffer, Salz
Muskatnuss
2 Toastbrotscheiben
2 EL Olivenöl

✦1✦ Die Schalotte schälen, würfeln und in der Butter in einem Topf glasig dünsten. Die Knoblauchzehe abziehen, zerdrücken und mit den Maronen, den Kräutern und dem Wein hinzugeben. Kurz aufkochen lassen, dann bei geringer Hitze gar kochen. ✦2✦ Mit der Gemüsebrühe aufgießen, die Sahne sowie die Tapenade hineingeben und alle Zutaten cremig pürieren. Mit Pfeffer, Salz und frisch geriebener Muskatnuss abschmecken. Warm halten. ✦3✦ Die Toastbrotscheiben mit dem Olivenöl bepinseln, in einer heißen Pfanne von beiden Seiten knusprig anbräunen und in kleine Würfelchen schneiden. ✦4✦ Die Suppe anrichten und mit den Croûtons bestreut servieren.

Herzhafte
Kartoffelsuppe

Für 4 Portionen
1 Stange Lauch
400 g mehlig kochende Kartoffeln
2 EL Butter
500 ml Gemüsebrühe
500 ml Milch
100 g Bauchspeck
Muskatnuss
Pfeffer, Salz

-1- Den Lauch gründlich waschen und den weißen Teil in feine Scheiben schneiden. Das Lauchgrün in dünne Ringe schneiden und beiseite stellen. Die Kartoffeln schälen und fein würfeln oder hobeln. -2- Die Lauchringe in der Butter in einem Topf kurz anschwitzen lassen, dann die Kartoffeln hinzugeben und mit der Gemüsebrühe und der Milch aufgießen. Etwa 15 Minuten köcheln lassen. -3- In dieser Zeit den Speck in einer Pfanne auslassen, bis er schön knusprig ist. Die grünen Lauchringe dazugeben und anbräunen. -4- Nun die Zutaten im Topf glatt pürieren und mit frisch geriebener Muskatnuss, Pfeffer und Salz abschmecken. -5- Die Suppe anrichten und mit dem Speck und Lauch servieren.

Sanfte
Karottensuppe

Für 4 Portionen
2 Zwiebeln
3 EL Butter
2 EL Rosinen
500 g Karotten
1 süßer Apfel, z.B. Boskoop
1 Stück Ingwer, ca. 20 g
100 ml Apfel-Direktsaft
700 ml Gemüsebrühe
3 EL Crème fraîche
1 EL getrockneter Majoran
1 TL getrockneter Ingwer
Pfeffer, Salz

•1• Die Zwiebeln schälen, klein schneiden und mit 1 Esslöffel Rosinen in einem Topf in 2 Esslöffeln Butter glasig dünsten. Die Karotten, den Apfel und den Ingwer schälen, würfeln und dazugeben. Den Apfelsaft übergießen und zugedeckt etwa 15 Minuten durchgaren lassen. •2• Gemüsebrühe, Crème fraîche, Majoran und Ingwergewürz hinzugeben und alles fein pürieren. Mit Pfeffer und Salz abschmecken. •3• 1 Esslöffel Butter in einer Pfanne zergehen lassen und die restlichen Rosinen darin kurz anbräunen. •4• Die Suppe portionieren und mit den Rosinen anrichten.

Grasgrüne
Kopfsalatsuppe

Für 4 Portionen
200 g Kartoffeln
2 Schalotten
1 Kopfsalat
2 EL Butter
600 ml Gemüsebrühe
200 ml Sahne
1 EL Kerbel
Salz, Pfeffer
1–2 EL Walnussöl
4 TL Crème fraîche

·1· Die Kartoffeln und Schalotten schälen und würfeln. Den Kopfsalat gründlich putzen, waschen und trocken schleudern. ·2· Die Butter in einem Topf zerlassen, die Kartoffeln und Schalotten darin andünsten. Mit der Gemüsebrühe ablöschen, die Sahne zugießen und bei mittlerer Hitze ca. 10 Minuten kochen. ·3· Den Salat zerpflücken, mit dem Kerbel in die Suppe geben und alles fein pürieren. Nochmals kurz erhitzen, aber nicht mehr kochen. Mit Salz, Pfeffer und Walnussöl abschmecken. ·4· Die Suppe portionieren und mit je 1 Teelöffel Crème fraîche garnieren.

Kräftige Kohlsuppe

Für 4 Portionen
2 Schalotten
400 g Weißkohl
7 EL Olivenöl
300 ml Weißwein
8 Wacholderbeeren
2 Lorbeerblätter
1 TL Kümmel
1 Knoblauchzehe
200 g Rinderhackfleisch
600 ml Gemüsebrühe
1 EL frischer Liebstöckel
4 EL Crème fraîche
½ Bund glatte Petersilie, gehackt

·1· 1 Schalotte schälen und sehr fein würfeln. Den Kohl gründlich putzen und in kurze feine Streifen schneiden. 4 Esslöffel Olivenöl in einem Topf heiß werden lassen, die Schalotte und den Kohl darin anbräunen. ·2· Mit dem Weißwein ablöschen, Wacholderbeeren, Lorbeerblätter und Kümmel hinzugeben. Bei geschlossenem Deckel etwa 15 Minuten köcheln lassen. ·3· In der Zwischenzeit die zweite Schalotte und die Knoblauchzehe schälen und sehr fein würfeln. In einer Pfanne das restliche Olivenöl heiß werden lassen und die Zwiebel darin glasig dünsten, dann das Hackfleisch dazugeben. Wenn es anfängt krümelig zu werden, die Knoblauchzehe untermengen. Das Fleisch beiseite stellen und warm halten. ·4· Den Kohl nun mit der Brühe auffüllen, Liebstöckel und Crème fraîche unterrühren ·5· Die Suppe auf Tellern verteilen und mit dem Hackfleisch und der Petersilie anrichten.

Tunesische
Kichererbsensuppe

Für 4 Portionen
2 Schalotten
4 EL Olivenöl
400 g Romatomaten
200 ml Gemüsebrühe
2 EL Tomatenmark
1 TL Kurkuma
1 TL Kreuzkümmel
1 TL Harissa
2 EL Zitronensaft
250 g Kichererbsen (über Nacht eingeweicht oder aus der Dose)
Salz, Cayennepfeffer
½ Bund Petersilie

▸1◂ Schalotte schälen, würfeln und in 2 Esslöffeln Olivenöl in einem Topf glasig dünsten. ▸2◂ Die Tomaten waschen, würfeln und mit der Gemüsebrühe und dem Tomatenmark zu den Zwiebeln geben. Kurkuma, Kreuzkümmel und Harissa ebenfalls dazugeben und alles für ca. 15 Minuten köcheln lassen. ▸3◂ In der Zwischenzeit die zweite Schalotte schälen, fein würfeln und mit dem restlichen Öl und dem Zitronensaft in einen weiteren Topf geben. Die Kichererbsen unter fließendem Wasser abbrausen und zufügen. Alles für 5 Minuten köcheln lassen. ▸4◂ Die Tomatenmischung nun glatt pürieren und mit Salz und Cayennepfeffer abschmecken. Die Petersilie hacken. ▸5◂ Die Suppe portionieren und mit den Kichererbsen und der Petersilie anrichten.

Orientalische Auberginensuppe

Für 4 Portionen
2 Zwiebeln
400 g Auberginen
100 ml kaltgepresstes Olivenöl
100 ml Gemüsebrühe
4 Zehen Knoblauch
200 g weiße Bohnen (aus der Dose
oder über Nacht eingeweicht)
1 TL Kreuzkümmel
Saft von 3 Zitronen
200 g Cocktailtomaten
1 Bund Petersilie

⊹1⊹ Die Zwiebeln schälen, die Auberginen waschen und beides klein würfeln.
Mit 50 ml des Olivenöls und der Gemüsebrühe in einem Topf langsam andünsten.
Nach ca. 10 Minuten den Knoblauch schälen, zerdrücken und mit dazugeben.
Alles mit dem Pürierstab pürieren. ⊹2⊹ Die Bohnen unter fließendem Wasser
abbrausen und zu der Suppe geben. Den Kreuzkümmel, das restliche Olivenöl
und den Zitronensaft zugeben. Für weitere 10 Minuten köcheln lassen. ⊹3⊹ In
der Zwischenzeit die Tomaten und die Petersilie waschen. Die Tomaten achteln,
die Petersilie fein hacken und einen Teil für die Dekoration beiseite legen. Den
Rest mit der Suppe vermengen und diese vom Herd nehmen. ⊹4⊹ Die Suppe mit
den Tomaten und der Petersilie anrichten.

Cremige
Maissuppe

Für 4 Portionen
1 Schalotte
⅓ Stange Lauch
4 EL Olivenöl
400 g Maiskörner aus der Dose
500 ml Gemüsebrühe
1 Pr Muskat
150 ml Sahne
Salz, Pfeffer
8 Crevetten
Saft von ½ Zitrone

·1· Die Schalotte schälen und fein würfeln, den Lauch klein schneiden und beides in 2 Esslöffeln Öl in einem Topf langsam andünsten. ·2· Den Mais abtropfen lassen und unter fließend kaltem Wasser abbrausen. In den Topf geben und mit der Gemüsebrühe auffüllen. 5 Minuten kochen lassen. ·3· Alles glatt pürieren, den Muskat und die Sahne zugeben. Mit Salz und Pfeffer abschmecken und warm stellen. ·4· Die Crevetten putzen und im restlichen Öl scharf anbraten. Zitronen-saft darüberträufeln. ·5· Die Suppe auf Tellern mit den Crevetten anrichten.

Wärmende
Selleriesuppe

Für 4 Portionen
400 g Knollensellerie
200 g Stangensellerie
1 Zwiebel
2 süße Äpfel
2 EL Butter
100 ml Sherry
500 ml Gemüsebrühe
200 ml Sahne
2 EL Zucker

·1· Den Knollensellerie putzen, großzügig schälen und fein reiben. Den Stangensellerie gründlich waschen und in schmale Streifen schneiden, die Hälfte davon beiseite stellen. Die Zwiebel und 1 Apfel schälen und würfeln. In einem Topf 1 Esslöffel Butter erhitzen, Gemüse und den Apfel darin zugedeckt etwa 5 Minuten andünsten lassen. ·2· Mit dem Sherry ablöschen, der Gemüsebrühe auffüllen und weitere 15 Minuten köcheln lassen. Die Sahne zugeben und alles fein pürieren. ·3· Die restliche Butter in einem Topf zerlassen. Den anderen Apfel schälen, klein würfeln und mit dem zurückgelegten Stangensellerie auf niedriger Stufe in der Butter anbräunen. Den Zucker darüberstreuen und karamellisieren lassen. ·4· Die Suppe mit dem Apfel-Sellerie-Karamell anrichten.

Tipp: Ingwer ist eine gute geschmackliche Ergänzung. Einfach zu Beginn ein Stück mitkochen.

Leckere
Kohlrabisuppe

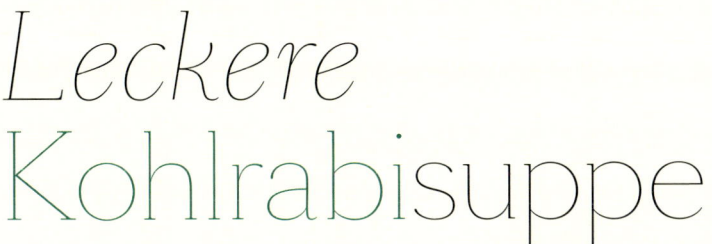

Für 4 Portionen
300 g Kohlrabi
300 g Mairübchen
100 g Kartoffeln
½ Stange Lauch
2 EL Olivenöl
1 TL brauner Zucker
500 ml Gemüsebrühe
1 rote Paprika
1 EL Butter
4 EL geschlagene Sahne
Etwas Petersilie

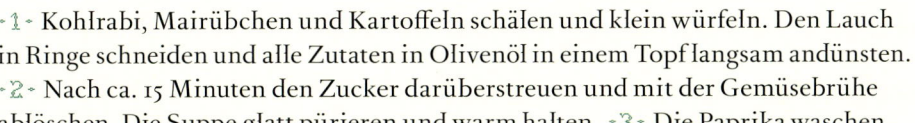

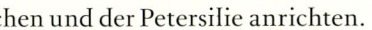

·1· Kohlrabi, Mairübchen und Kartoffeln schälen und klein würfeln. Den Lauch in Ringe schneiden und alle Zutaten in Olivenöl in einem Topf langsam andünsten. ·2· Nach ca. 15 Minuten den Zucker darüberstreuen und mit der Gemüsebrühe ablöschen. Die Suppe glatt pürieren und warm halten. ·3· Die Paprika waschen, entkernen und fein würfeln. Die Butter in einer Pfanne erhitzen und die Paprika für 2 Minuten darin schwenken. ·4· Die Suppe mit der Sahne, den Paprikawürfelchen und der Petersilie anrichten.

Wohltuende
Paprikasuppe

Für 4 Portionen
400 g Hühnerbrust
4 Knoblauchzehen
3 EL Olivenöl
1 TL Paprikapulver
Pfeffer, Salz
500 g gelbe Paprika
2 Zwiebeln
Ingwer
2 EL Ghee
1 EL Currypulver
400 ml Gemüsebrühe
200 ml Kokosmilch

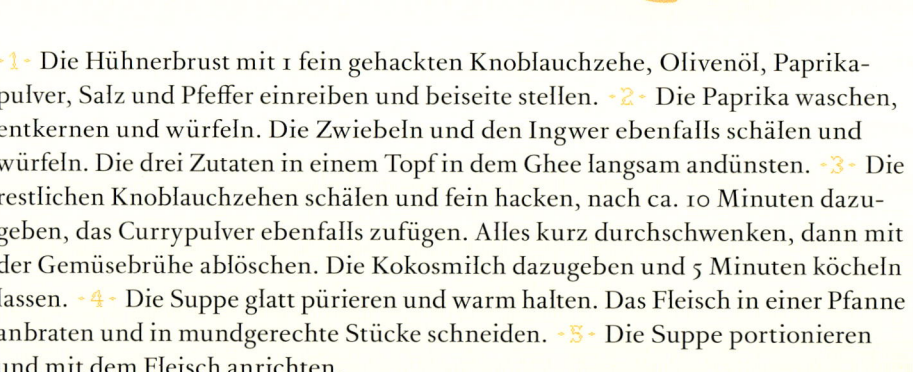

-1- Die Hühnerbrust mit 1 fein gehackten Knoblauchzehe, Olivenöl, Paprika-pulver, Salz und Pfeffer einreiben und beiseite stellen. -2- Die Paprika waschen, entkernen und würfeln. Die Zwiebeln und den Ingwer ebenfalls schälen und würfeln. Die drei Zutaten in einem Topf in dem Ghee langsam andünsten. -3- Die restlichen Knoblauchzehen schälen und fein hacken, nach ca. 10 Minuten dazu-geben, das Currypulver ebenfalls zufügen. Alles kurz durchschwenken, dann mit der Gemüsebrühe ablöschen. Die Kokosmilch dazugeben und 5 Minuten köcheln lassen. -4- Die Suppe glatt pürieren und warm halten. Das Fleisch in einer Pfanne anbraten und in mundgerechte Stücke schneiden. -5- Die Suppe portionieren und mit dem Fleisch anrichten.

Südostasiatische Pak Choi-Suppe

Für 4 Portionen
500 g Pak Choi
3 EL Erdnussöl
1 EL Reiswein
1 EL helle Sojasauce
1 EL Austernsauce
1 EL feiner Kristallzucker
1 Stängel Zitronengras
ca. 2 cm frische Ingwerwurzel
500 ml heiße Gemüsebrühe
50 g Mu-Erh Pilze
200 g Seidentofu

·1· Den Pak Choi unter fließend kaltem Wasser waschen und abtropfen lassen. Den Strunk entfernen, die Blätter klein schneiden und in dem Erdnussöl im Topf für 5 Minuten angaren. ·2· Den Reiswein, die Soja- und Austernsauce und den Zucker in einem Schälchen miteinander verrühren und den Kohl damit ablöschen. ·3· Den Stängel Zitronengras von verholzten Stellen befreien und in feine Ringe schneiden. Den Ingwer schälen, fein reiben und beides mit in den Topf geben. Für weitere 5 Minuten köcheln lassen, dann mit der Gemüsebrühe auffüllen. ·4· Die Pilze vierteln und den Seidentofu in kleine Würfel schneiden. ·5· Die Suppe in Schälchen füllen und mit den Pilzen und dem Tofu garnieren.

Bunte Kokossuppe

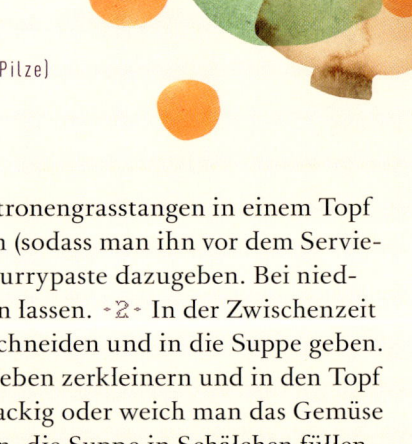

Für 4 Portionen
400 ml Kokosmilch
500 ml Gemüsebrühe
4 Stangen Zitronengras
1 großes Stück Ingwerwurzel
1 EL grüne Currypaste
200 g Hühnerbrust
500 g gemischtes Gemüse (Zucchini, Auberginen,
Paprika, Karotten, Frühlingszwiebeln, Tomaten, Pilze)
2 EL Limettensaft
Einige Stängel Koriandergrün

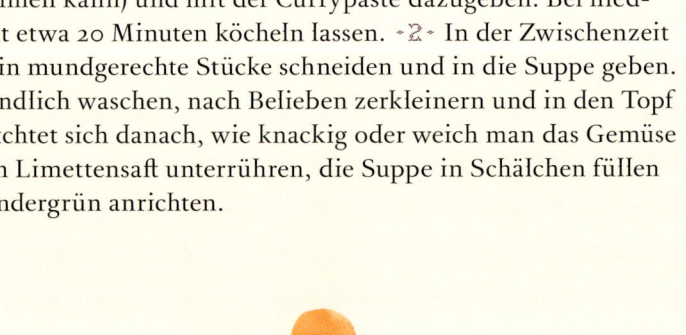

·1· Die Kokosmilch und die Brühe mit den Zitronengrasstangen in einem Topf erhitzen. Den Ingwer schälen, grob zerkleinern (sodass man ihn vor dem Servieren wieder herausnehmen kann) und mit der Currypaste dazugeben. Bei niedriger Hitze zugedeckt etwa 20 Minuten köcheln lassen. ·2· In der Zwischenzeit das Fleisch säubern, in mundgerechte Stücke schneiden und in die Suppe geben. ·3· Das Gemüse gründlich waschen, nach Belieben zerkleinern und in den Topf geben. Die Garzeit richtet sich danach, wie knackig oder weich man das Gemüse mag. ·4· Zuletzt den Limettensaft unterrühren, die Suppe in Schälchen füllen und mit etwas Koriandergrün anrichten.

Stärkende Spinatsuppe

Für 4 Portionen
Benötigt etwas Vorlauf
300 g Maniok
1 Zwiebel
3 EL Ghee
1 Karotte
1 Petersilienwurzel
20 g Ingwer
2 TL Fenchelsamen, gemahlen
500 g frischer Blattspinat
400 ml Gemüsebrühe
100 ml Milch
200 ml Sahne
Etwas Zitronensaft
Salz, Pfeffer
2 EL Olivenöl
8 Cocktailtomaten

✦1✦ Die Maniokwurzel schälen und klein würfeln. Mit Wasser bedeckt für ca. 6 Stunden stehen lassen (dabei wird der Pflanze die natürlicherweise vorhandene Blausäure auf ein unbedenkliches Mass entzogen). ✦2✦ Die Zwiebel schälen, klein schneiden und in dem Ghee in einem Topf glasig dünsten. Karotte, Petersilienwurzel und Ingwer ebenfalls schälen, klein schneiden und mit den Fenchelsamen in den Topf geben. ✦3✦ Die Spinatblätter gründlich waschen und abtropfen lassen. Nach und nach in den Topf geben. Wenn der Spinat zusammengefallen ist, mit der Gemüsebrühe auffüllen und alles pürieren. Milch und Sahne hinzugeben und mit Zitrone, Salz und Pfeffer abschmecken. ✦4✦ Das Olivenöl in einer Pfanne erhitzen und die Cocktailtomaten darin ein paar Mal schwenken. ✦5✦ Die Suppe portionieren und mit den Cocktailtomaten anrichten.

Indische
Dalsuppe

Für 4 Portionen
1 Zwiebel
2 Knoblauchzehen
25 g Ghee (Butterschmalz)
½ TL Kurkuma
1 TL Garam Masala (Gewürzmischung)
1 TL Kreuzkümmel, gemahlen
Chilipulver (Dosierung nach Geschmack)
800 g geschälte Tomaten aus der Dose
175 g rote Linsen
600 ml Gemüsebrühe
2 EL Zitronensaft
Pfeffer, Salz
2 EL frischer Koriander, gehackt

·1· Die Zwiebel und die Knoblauchzehen schälen, fein hacken und in dem Ghee in einem Topf glasig dünsten. Kurkuma, Garam Masala, Kreuzkümmel und Chilipulver darüberstäuben und unter ständigem Rühren etwa 3 Minuten bei geringer Hitze anrösten. ·2· Die Dosentomaten klein würfeln und mit den Linsen in den Topf geben. Mit der Gemüsebrühe auffüllen und offen etwa 25 Minuten köcheln lassen, bis die Linsen gar sind. ·3· Den Zitronensaft unterrühren und mit Pfeffer und Salz abschmecken. ·4· Die Suppe mit dem Koriander bestreut servieren.

Aromatische
Fenchelsuppe

Für 4 Portionen
2 Schalotten
3 Fenchelknollen (ca. 200 g)
4 EL Olivenöl
1 TL Fenchelsamen
2 Schnapsgläser Pernod
600 ml Gemüsebrühe
200 ml Sahne
Anis, gemahlen
Salz, Pfeffer
Pinienkerne

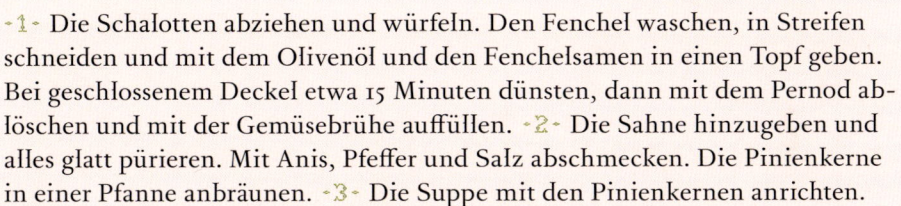

-1- Die Schalotten abziehen und würfeln. Den Fenchel waschen, in Streifen schneiden und mit dem Olivenöl und den Fenchelsamen in einen Topf geben. Bei geschlossenem Deckel etwa 15 Minuten dünsten, dann mit dem Pernod ablöschen und mit der Gemüsebrühe auffüllen. -2- Die Sahne hinzugeben und alles glatt pürieren. Mit Anis, Pfeffer und Salz abschmecken. Die Pinienkerne in einer Pfanne anbräunen. -3- Die Suppe mit den Pinienkernen anrichten.

Tipp: Etwas Fenchel zurückbehalten, in Butter leicht anbräunen und unter die Suppe mengen!

Wunderbare Radieschensuppe

Für 4 Portionen
½ Bund Frühlingszwiebeln
2 Karotten
2 Bund Radieschen mit Blättern
4 EL Rapsöl
800 ml Gemüsebrühe
200 ml Sahne
Salz, Pfeffer
Muskatnuss
Schnittlauch
4 EL Crème fraîche

·1· Die Frühlingszwiebeln kurz abbrausen und in Ringe schneiden. Die Karotten schälen und klein schneiden. Die Radieschen mitsamt den Blättern gründlich waschen, dann die Blätter abschneiden, entstielen und in Streifen schneiden. Ein Radieschen beiseite legen, die anderen in Scheiben schneiden und mit dem anderen Gemüse in einen Topf geben. In dem Öl bei geschlossenem Deckel und unter regelmäßigem Wenden ca. 10 Minuten andünsten. ·2· Mit der Gemüsebrühe auffüllen und die Radieschenblätter dazugeben. Mit dem Pürierstab glatt pürieren und mit Salz, Pfeffer und frisch geriebener Muskatnuss abschmecken. ·3· Das zurückbehaltene Radieschen nun sehr fein würfeln und den Schnittlauch in dünne Röllchen schneiden. ·4· Die Suppe auf Teller verteilen und mit einem großen Klecks Crème fraîche, den Radieschenwürfeln und dem Schnittlauch anrichten.

Tipp: Eine etwas deftigere Note bekommt die Suppe mit gebratenem Speck!

Edelsüße
Paprikasuppe

Für 4 Portionen
4 rote Paprikaschoten
2 rote Zwiebeln
3 EL Rapsöl
2 Knoblauchzehen
2 EL Rosinen
⅛ l Rotwein
1 TL edelsüßes Paprikapulver
1 EL Aprikosenmarmelade
2 Lorbeerblätter
700 ml Gemüsebrühe
Cayennepfeffer, Salz
Pinienkerne
1 EL Butter
4 EL Sahne

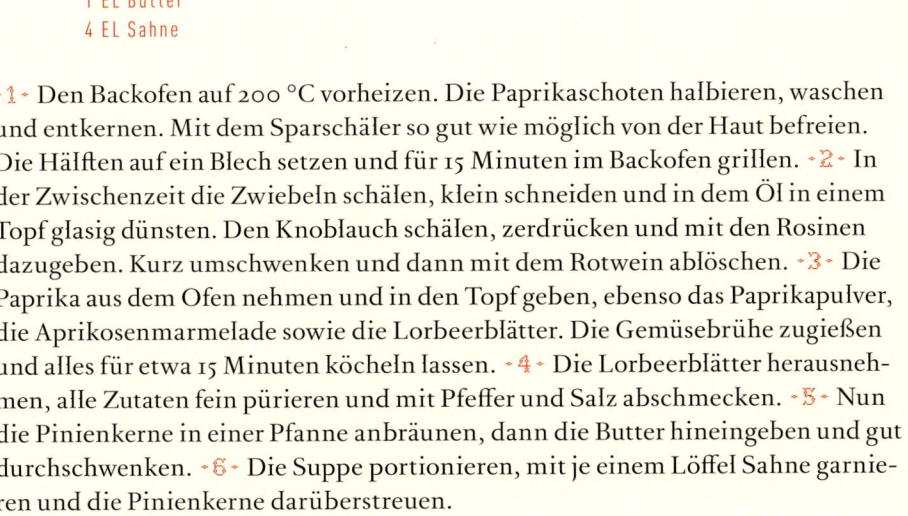

•1• Den Backofen auf 200 °C vorheizen. Die Paprikaschoten halbieren, waschen und entkernen. Mit dem Sparschäler so gut wie möglich von der Haut befreien. Die Hälften auf ein Blech setzen und für 15 Minuten im Backofen grillen. •2• In der Zwischenzeit die Zwiebeln schälen, klein schneiden und in dem Öl in einem Topf glasig dünsten. Den Knoblauch schälen, zerdrücken und mit den Rosinen dazugeben. Kurz umschwenken und dann mit dem Rotwein ablöschen. •3• Die Paprika aus dem Ofen nehmen und in den Topf geben, ebenso das Paprikapulver, die Aprikosenmarmelade sowie die Lorbeerblätter. Die Gemüsebrühe zugießen und alles für etwa 15 Minuten köcheln lassen. •4• Die Lorbeerblätter herausnehmen, alle Zutaten fein pürieren und mit Pfeffer und Salz abschmecken. •5• Nun die Pinienkerne in einer Pfanne anbräunen, dann die Butter hineingeben und gut durchschwenken. •6• Die Suppe portionieren, mit je einem Löffel Sahne garnieren und die Pinienkerne darüberstreuen.

Gelbe
Zucchinisuppe

Für 4 Portionen
4 gelbe Zucchini
2 Schalotten
2 EL Olivenöl
1 Knoblauchzehe
200 g ungesalzene Cashewkerne
800 ml Gemüsebrühe
1 EL Quittengelee
200 g Frischkäse
3 TL Kräuter der Provence
Pfeffer, Salz
Rosmarinnadeln

·1· Die Zucchini gründlich waschen und würfeln. Die Schalotten schälen, würfeln und in Olivenöl in einem Topf glasig dünsten. Die Knoblauchzehe abziehen, dazupressen und kurz durchschwenken. ·2· Zucchini und Cashewkerne zufügen und sofort mit der Gemüsebrühe ablöschen. Etwa 15 Minuten bei geringer Hitze gar kochen lassen. ·3· Quittengelee, Frischkäse sowie 2 Teelöffel Kräuter dazugeben und alles fein pürieren. Mit Pfeffer und Salz abschmecken. ·4· Die Suppe auf Tellern verteilen, mit Rosmarin garnieren und die restlichen Kräutern darüberstreuen.

Rheinische Bohnensuppe

Für 4 Portionen
400 g mehligkochende Kartoffeln
400 g Buschbohnen
400 ml Milch
400 ml Buttermilch
Etwas frisches Bohnenkraut
1 kleine rote Zwiebel
Pfeffer, Salz
Etwas Petersilie, gehackt

⋅1⋅ Die Kartoffeln schälen, grob würfeln und in einem Topf garen. ⋅2⋅ In der Zwischenzeit die Bohnen gründlich putzen, die Enden abtrennen und die Bohnen in mundgerechte Stücke schneiden. In kochendem Salzwasser etwa 10–15 Minuten bissfest kochen und warm halten. ⋅3⋅ Milch und Buttermilch sowie das entstielte Bohnenkraut zu den Kartoffeln geben und alles pürieren. Wer kein frisches Bohnenkraut bekommt, nimmt stattdessen 2 Teelöffel getrocknetes Bohnengrün. Das Püree langsam erhitzen, aber nicht aufkochen lassen. ⋅4⋅ Währenddessen die Zwiebel fein hacken. ⋅5⋅ Die Suppe mit Pfeffer und Salz abschmecken, anrichten und mit Zwiebelstückchen und Petersilie dekorieren.

Kinderleichte
Erbsensuppe

Für 4 Portionen
1 Stange Lauch
1 Petersilienwurzel
1 Karotte
3 EL Rapsöl
500 g Tiefkühlerbsen
2 EL Majoran
4 EL Crème fraîche
½ Bund Petersilie, gehackt
Etwas geschlagene Sahne
2 TL Preiselbeermarmelade

•1• Den Lauch gründlich waschen und in Ringe schneiden. Die Petersilienwuzel und die Karotte schälen und würfeln. •2• Das Öl in einem Topf erhitzen und das frische Gemüse hineingeben. Etwa 5 Minuten schmoren, dann die Erbsen zugeben und mit geschlossenem Deckel für weitere 10 Minuten garen lassen. •3• Majoran, Crème fraîche sowie Petersilie hineingeben und alles fein pürieren. •4• Die Suppe portionieren und mit der Sahne und der Preiselbeermarmelade garnieren.

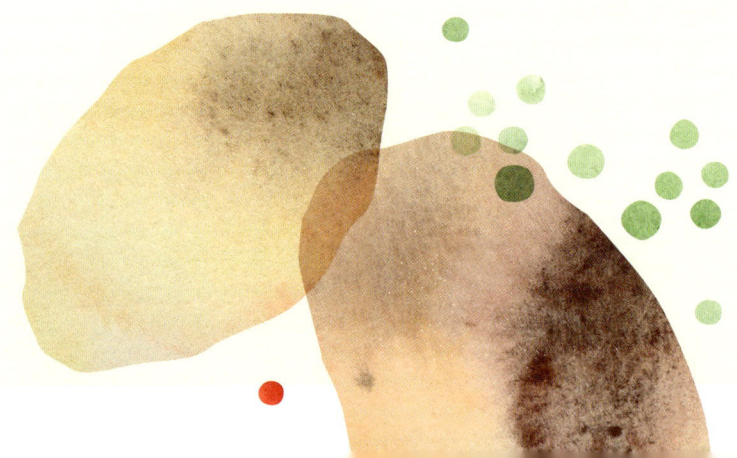

Feines Wurzelsüppchen

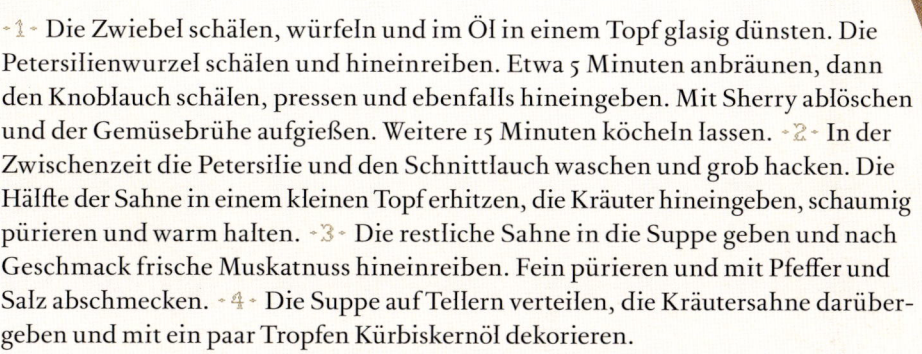

Für 4 Portionen
1 Zwiebel
4 EL Rapsöl
500 g Petersilienwurzel
1 Knoblauchzehe
100 ml Sherry
600 ml Gemüsebrühe
2 EL Petersilie
2 EL Schnittlauch
400 ml Sahne
Muskatnuss
Pfeffer, Salz
Kürbiskernöl

·1· Die Zwiebel schälen, würfeln und im Öl in einem Topf glasig dünsten. Die Petersilienwurzel schälen und hineinreiben. Etwa 5 Minuten anbräunen, dann den Knoblauch schälen, pressen und ebenfalls hineingeben. Mit Sherry ablöschen und der Gemüsebrühe aufgießen. Weitere 15 Minuten köcheln lassen. ·2· In der Zwischenzeit die Petersilie und den Schnittlauch waschen und grob hacken. Die Hälfte der Sahne in einem kleinen Topf erhitzen, die Kräuter hineingeben, schaumig pürieren und warm halten. ·3· Die restliche Sahne in die Suppe geben und nach Geschmack frische Muskatnuss hineinreiben. Fein pürieren und mit Pfeffer und Salz abschmecken. ·4· Die Suppe auf Tellern verteilen, die Kräutersahne darübergeben und mit ein paar Tropfen Kürbiskernöl dekorieren.

Duftende Zucchinisuppe

Für 4 Portionen
1 Schalotte
3 EL Olivenöl
500 g Zucchini
3 EL Wasser
2 EL Rosmarinnadeln
500 ml Gemüsebrühe
200 g Crème fraîche
1 EL Honig
Salz, Pfeffer
2 EL Pinienkerne
2 EL Korinthen
1 EL Feinzucker

1 Die Schalotte schälen, klein schneiden und in dem Öl in einem Topf glasig dünsten. Die Zucchini waschen, in feine Scheiben schneiden und in den Topf geben. Das Wasser und die Rosmarinnadeln zufügen und bei geschlossenem Deckel für ca. 15 Minuten garen. **2** Mit der Gemüsebrühe auffüllen, die Crème fraîche und den Honig unterrühren und mit dem Pürierstab pürieren. Salzen und pfeffern. **3** Die Pinienkerne in einer Pfanne leicht anbräunen, die Korinthen zugeben und mit dem Feinzucker bestreuen. In der Pfanne wenden und karamellisieren lassen. **4** Die Suppe auf Tellern anrichten, mit den Pinienkernen und Korinthen garnieren.

Traditionelle Spargelsuppe

Für 4 Portionen
500 g weißer Spargel
750 ml Wasser
1 Pr Salz
6 EL Butter
2 EL Mehl
100 ml Wasser
250 ml Sahne
1 TL Zucker
Saft von ½ Zitrone
Frisch geriebene Muskatnuss
Pfeffer, Salz
2 Scheiben Toastbrot
Schnittlauch

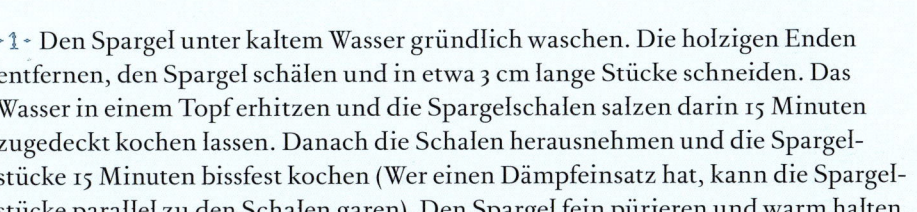

·1· Den Spargel unter kaltem Wasser gründlich waschen. Die holzigen Enden entfernen, den Spargel schälen und in etwa 3 cm lange Stücke schneiden. Das Wasser in einem Topf erhitzen und die Spargelschalen salzen darin 15 Minuten zugedeckt kochen lassen. Danach die Schalen herausnehmen und die Spargelstücke 15 Minuten bissfest kochen (Wer einen Dämpfeinsatz hat, kann die Spargelstücke parallel zu den Schalen garen). Den Spargel fein pürieren und warm halten.
·2· In einem zweiten Topf 4 Esslöffel Butter schmelzen und das Mehl darin 2 Minuten anschwitzen. Mit dem Wasser ablöschen und etwa 5 Minuten köcheln lassen. ·3· Die Sahne einrühren und die Mischung zum Spargel geben. Zucker und Zitronensaft hinzugeben, mit Muskatnuss, Pfeffer und Salz abschmecken.
·4· Die restliche Butter in einer Pfanne erhitzen und das Toastbrot von beiden Seiten darin anbräunen, dann würfeln. Den Schnittlauch in Röllchen schneiden.
·5· Die Suppe mit dem Brot und dem Schnittlauch anrichten.

Tipp: Wer mag, schneidet noch etwas Kochschinken hinein.

Kalte Gurkensuppe

Für 4 Portionen
1 große Salatgurke
½ TL Salz
1 Knoblauchzehe
500 g Naturjoghurt
3 EL frische Minze, fein gehackt
3 EL Olivenöl
Saft von 1 Zitrone
1 Pr Kreuzkümmel, gemahlen
250 ml kalte Gemüsebrühe, entfettet
Salz, weißer Pfeffer
Eiswürfel
4 Minzeblättchen

·1· Die Gurke mitsamt der Schale fein raspeln und salzen. 20 Minuten ziehen lassen, dann abgießen. ·2· Den Knoblauch schälen, fein hacken und mit der Gurke in eine Schüssel geben. Mit dem Joghurt, der Minze, dem Olivenöl, dem Zitronensaft sowie dem Kreuzkümmel vermengen. Im Kühlschrank mindestens 2 Stunden abgedeckt ziehen lassen. ·3· Unmittelbar vor dem Servieren die Brühe hinzufügen und mit Salz und Pfeffer abschmecken. ·4· Die Suppenschalen mit ein paar Eiswürfeln und einem Minzeblättchen dekoriert servieren.

Andalusische Knoblauchsuppe

Für 4 Portionen
3 Scheiben Weizentoastbrot
1 grüne Pfefferschote
1 Salatgurke
1 gelbe Paprikaschote
3 Knoblauchzehen
2 Frühlingszwiebeln
150 g Staudensellerie
6 EL Olivenöl
3 EL Zitronensaft
Salz

•1• 2 Scheiben Toastbrot entrinden und in etwas kaltem Wasser einweichen. Pfefferschote, Gurke und Paprika gründlich waschen, halbieren und entkernen. Die Knoblauchzehen schälen, die Frühlingszwiebeln und den Staudensellerie ebenfalls waschen. Ein Stück Gurke zurückbehalten, den Rest der Zutaten grob würfeln. •2• Das Toastbrot gut ausdrücken und mit dem Olivenöl, dem Zitronensaft und dem gewürfelten Gemüse in ein hohes Gefäß geben. Alle Zutaten fein pürieren. Eventuell etwas kaltes Wasser hinzugeben. Mit Salz abschmecken und mindestens 1 Stunde kalt stellen. •3• Die restliche Gurke sehr fein würfeln. Die verbliebene Toastscheibe anrösten und ebenfalls sehr fein würfeln. •4• Die Suppe portionieren und mit den Brot- und Gurkenwürfeln servieren.

Beerige Tomatensuppe

Für 4 Portionen
100 ml Milch
1 Msp Bourbonvanille
1 EL Zucker
1 EL Grieß
500 g Cocktailtomaten
500 g Erdbeeren
2 Stängel Minze
4 TL Zitronensaft
1 Pr Salz
1 Pr Piment

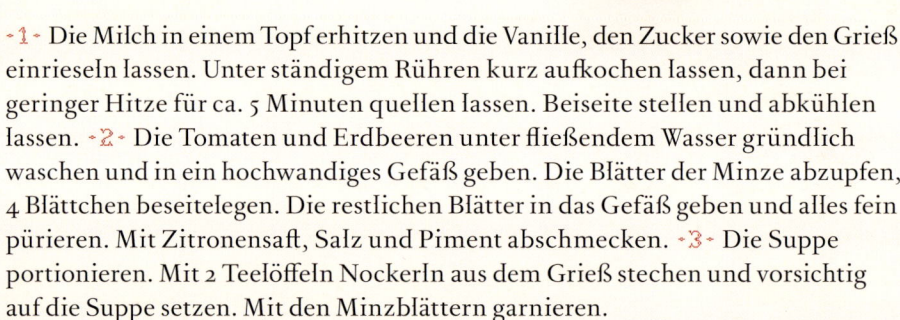

◦1◦ Die Milch in einem Topf erhitzen und die Vanille, den Zucker sowie den Grieß einrieseln lassen. Unter ständigem Rühren kurz aufkochen lassen, dann bei geringer Hitze für ca. 5 Minuten quellen lassen. Beiseite stellen und abkühlen lassen. ◦2◦ Die Tomaten und Erdbeeren unter fließendem Wasser gründlich waschen und in ein hochwandiges Gefäß geben. Die Blätter der Minze abzupfen, 4 Blättchen beseitelegen. Die restlichen Blätter in das Gefäß geben und alles fein pürieren. Mit Zitronensaft, Salz und Piment abschmecken. ◦3◦ Die Suppe portionieren. Mit 2 Teelöffeln Nockerln aus dem Grieß stechen und vorsichtig auf die Suppe setzen. Mit den Minzblättern garnieren.

REGISTER

Bildnachweis
Konzeption, Illustration und Fotografie: Chandima Soysa

Zur Autorin
Chandima Soysa hat Kommunikationsdesign an der
Kunstakademie Stuttgart studiert. Sie arbeitet als Freie
Grafikerin und geht gerne auf Reisen. Unterwegs liebt sie es,
in fremde Kochtöpfe zu schauen und sich von unbekannten
Gerichten, ihren Farben und Düften inspirieren zu lassen.